GUSTA'

MW00426304

ANÁLISIS DEL
IMPACTO DE LA ELIMINACIÓN DE LA SECCIÓN
936
SOBRE EL CRECIMIENTO ECONÓMICO DE PUERTO RICO: 1997 - 2006

Fundamentado en la TESIS DE MAESTRÍA
que fue publicada y defendida en el 2009.

Miembros del Comité:
Dr. Juan Lara, Director
Dr. Wilfredo Toledo
Dr. Carlos Rodriguez

Vélez Pizarro, Gustavo, 1969

Análisis del impacto de la eliminación de la Sección 936 sobre el crecimiento económico de Puerto Rico: 1997 - 2006

ISBN: 978-1-52102-361-7

© Copyright, Gustavo Vélez Pizarro, 2017
Todos los derechos reservados. Ninguna porción de este libro podrá ser reproducida, almacenada en algún sistema de recuperación, o transmitida en cualquier forma o por cualquier medio sin la autorizacón previa por escrito del titular del derecho de autor.

Diseño y montaje de portada e interior: Carlos López Angleró

El autor está disponible para conferencias, seminarios y talleres. Para contrataciones, por favor comuníquese al:
(787) 404-3496
gvelez@economiapr.com

Para comentarios y sugerencias puede escribir a:
Gustavo Vélez
B5 Calle Tabonuco, Suite 216 PMB 109
Guaynabo P.R., 00968-3029

www.economiapr.com
www.facebook.com/gustavovelez
www.twitter.com/gustavovelez
www.twitter.com/gustavovelez

Quiero aprovechar esta versión de mi tesis de Maestría en Economía, para agradecer a todos los profesores que tuve a través de mi vida académica, en la Universidad de Puerto Rico. Particularmente a los profesores Argeo Quiñones, Juan Lara, Wilfredo Toledo, Ernesto Rodríguez (QDP), y también al amigo y profesor, Carlos Rodríguez.

Gracias a la Facultad de Ciencias Sociales y al Departamento de Economía, por haber ayudado a mi formación académica e intelectual.

Quiero también agradecer también a mis abuelos Filomena y Herminio Román, por haber criado y darme los valores esenciales para mis logros personales, académicos y profesionales. Así como a mis padres Jorge Vélez y Petra Pizarro.

TABLA DE CONTENIDO

CAPÍTULO 1

INTRODUCCIÓN

La Sección 936 era una provisión contenida en el Código de Rentas Internas de Estados Unidos, que otorgaba a las compañías estadounidenses que operaban en Puerto Rico y que cumplían determinados requisitos, un crédito contributivo generalmente igual al de su responsabilidad contributiva federal. El crédito contributivo era aplicable al ingreso generado por las operaciones de la compañía en Puerto Rico, así como el ingreso generado por concepto de la inversión de las ganancias retenidas los llamados fondos 936 y en ciertas actividades designadas. Entre las ventajas contributivas que proveía la sección 936 a las compañías era la habilidad de estas para repatriar las ganancias generadas por sus operaciones en Puerto Rico a la corporación matriz, libre de contribuciones federales.

La Sección 936, fue la sucesora de la Sección 931 del propio Código de Rentas Internas Federal, que estuvo en efecto hasta el 1976. En dicho año el Congreso Federal habilita el Tax Reform Act of 1976 para enmendar la Sección 931 y convertirla en la Sección 936. La nueva sección flexibilizó la herramienta contributiva y le dio mayores beneficios a las empresas acogidas a los beneficios contributivos federales. Uno de estos nuevos beneficios fue la exención del pago de contribuciones de los dividendos de las corporaciones subsidiarias a las corporaciones matrices en los Estados Unidos. Igualmente a las empresas se les dio la opción de seguir operando bajo la Sección 931 por diez años o cambiarse a la nueva Sección. Durante la discusión de estas enmiendas en el Congreso, funcionarios del Departamento del Tesoro, mostraron renuencia a estos cambios por entender que los mismos eran demasiado generosos hacia las corporaciones. Desde el punto de vista del Tesoro, la nueva disposición ayudaba a aumentar la rentabilidad de las inversiones de las empresas en Puerto Rico, a un alto costo contributivo, sin tener un efecto mayor en la creación de empleos en la Isla. A nivel local, uno de los elementos más importantes bajo la nueva Sección fue que el Gobierno de Puerto Rico podía imponerle un impuesto de salida al momento en que las corporaciones repatriaran sus ganancias a su empresa matriz.

Durante el período de 1976 al 1996, Puerto Rico experimentó un intenso desarrollo de industrias de alto valor añadido. En ese lapso de tiempo la información empírica evidencia un crecimiento acelerado en nuevas corporaciones orientadas a la producción de farmacéuticos, electrónicos, instrumentos científicos, instrumentos profesionales, y productos químicos. Durante ese período de tiempo, la aportación de estas industrias al Producto Interno Bruto (PIB) aumentó a cuatro veces de su valor original. Igualmente el crecimiento en el empleo industrial y el crecimiento de las exportaciones se concentraron en estos sectores industriales. No obstante donde mayor concentración industrial hubo durante este período fue en el sector farmacéutico y de electrónicos. No es casualidad que estos dos sectores industriales sean altamente intensivos en el uso de capital para los cuáles los beneficios contributivos de la Sección 936 le daban un alto sentido de negocios operar en la Isla. Los créditos contributivos provistos por la Sección 936 tuvieron el efecto de aumentar la inversión directa de corporaciones multinacionales en Puerto Rico. Dicho aumento en inversión directa en actividad manufacturera permitió la concentración de grandes conglomerados industriales en las áreas de productos químicos, farmacéuticos, y productos electrónicos/ electrodomésticos.

En el año 1996 el Congreso Federal mediante legislación derogó los beneficios contributivos que proveía la Sección 936. En dicho año inició un proceso de desfase del programa de incentivos contributivos federales que concluyó en diciembre de 2005. La legislación federal proveyó para que durante el período de desfase las corporaciones escogieran entre un crédito de 60% por la inversión realizada en Puerto Rico o un crédito contributivo por el pago de salarios pagados. Durante este período muchas corporaciones cerraron sus operaciones y se mudaron a otros países con costos operacionales más bajos. Sin embargo otras corporaciones, especialmente las empresas vinculadas al sector farmacéutico, se convirtieron en Corporaciones Foráneas Controladas (CFC) lo que les permitió seguir operando en la Isla y diferir el pago de contribuciones federales hasta el momento de repatriación de ganancias.

Han pasado cuatro años desde la finalización de la Sección 936 y desde entonces se desconoce con exactitud el verdadero impacto que tuvo la pérdida de este mecanismo contributivo sobre la economía de Puerto Rico. Mediante el desarrollo de un modelo econométrico fundamentado en la técnica de Vectores Autoregresivos (VAR), esta tesis persigue cuantificar el impacto que tuvo la pérdida de la Sección 936 sobre el crecimiento económico de Puerto Rico. El modelo VAR, en su versión reducida conocida como VAR estructural, permite medir los efectos de choques económicos por el lado de la demanda o la oferta, y hacer simulaciones con un alto nivel de precisión. Además del desarrollo del modelo econométrico se evalúan otros trabajos realizados en la década del 1990 sobre el impacto de la Sección 936 en la economía de Puerto Rico. Todos los trabajos investigativos realizados por entidades independientes y por organismos del Gobierno Federal alertaban de los efectos adversos que tendría sobre la economía la eliminación de la Sección 936.

Los resultados del análisis realizado indican que a partir del 1997 la economía de Puerto Rico, comienza a exhibir un patrón de crecimiento que se debilita con mayor intensidad entre el ano 2000 y el 2006. Además del impacto de la perdida de los incentivos contributivos provistos por la antigua Sección 936, se observo que la combinación de factores estructurales y coyunturales afecto la capacidad de crecimiento sobre la economía. El aumento en el precio del petróleo, el aumento en el salario mínimo federal, el debilitamiento fiscal del gobierno y la contracción de otros sectores productivos como el sector financiero y de la construcción, también han afectado el comportamiento de la economía.

Capítulo 2

Estudios sobre los efectos de la Sección 936 sobre la economía de Puerto Rico

Como parte del trabajo investigativo para elaborar la tesis, se evaluaron los diferentes trabajos que se han realizado sobre el impacto económico de la Sección 936 en la economía de Puerto Rico. Se analizaron varios estudios que se han realizado para evaluar los efectos de eliminar la Sección 936. Igualmente se revisaron varios trabajos de diversos economistas que han analizado la trayectoria del desarrollo económico de Puerto Rico. En años recientes diversas entidades de prestigio internacional realizado investigaciones sobre la economía de Puerto Rico. Entre ellas, vale la pena destacar el estudio económico realizado por la CEPAL (2004) y el realizado por el Centro para la Nueva Economía y el Instituto Brookings (2006). Se examinaron los trabajos investigativos de la Oficina de Presupuesto del Congreso Federal (CBO) y la Oficina de Contabilidad General (General Accountability Office, GAO). Tanto el CBO como el GAO, han realizado abarcadores estudios sobre la Sección 936 y la economía de Puerto Rico. En el 1990, el CBO realizó el primer estudio sobre los efectos que tendría sobre la economía de Puerto Rico la eliminación de la Sección 936, bajo el supuesto de que la Isla se convirtiera en un estado federado de los Estados Unidos. En el 1991, un segundo estudio sobre la Sección 936 fue comisionado por la organización PRUSA (entidad dedicada al cabildeo a favor de las corporaciones 936) a la firma Price Waterhouse. En el 1993, como parte del segundo intento del Congreso Federal para modificar los beneficios de la Sección 936, la Asociación de Industriales de Puerto Rico comisionó un estudio económico a la firma CORPLAN.

El más reciente de los estudios sobre las implicaciones económicas de la eliminación de la Sección 936 lo realizó el GAO (1996) por petición del Comité de Finanzas del Senado de los Estados Unidos. El estudio titulado "Relaciones fiscales de Puerto Rico con el Gobierno Federal, tendencias económicas durante el desfase de los beneficios contributivos de la Sección 936", tenía como objetivo principal analizar los efectos económicos que tuvo la eliminación de los incentivos contributivos federales sobre la economía insular. Este estudio sería utilizado como base para evaluar cualquier política pública del Gobierno Federal hacia la economía de Puerto Rico. Finalmente, se analizó un estudio económico que realizara la Compañía de Fomento Industrial en el año 2007, como parte del esfuerzo de redactar la nueva Ley de Incentivos Contributivos firmada ese mismo año.

El estudio del CBO se fundamentó en el supuesto del impacto económico que hubiese tenido un cambio de status hacia la estadidad sobre las corporaciones 936 operando en Puerto Rico. Como parte de la metodología de este estudio, se supuso que la transición hacia la estadidad implicará una reducción gradual de los beneficios contributivos de la Sección 936. Esta reducción sería de la siguiente manera; en el año 1994, una corporación 936 solo recibiría el 80% de los beneficios; en el 1995, el 60%, en el 1996 el 20%, y en el 1997, no habría beneficio alguno. El estudio estableció un escenario en el cual las Corporaciones 936s ya establecidas en la Isla, no invertirían en nuevas expansiones, pero tampoco abandonarían la Isla de forma inmediata. Partiendo del 1990, el cambio de status político hubiese representado un estancamiento en nuevas inversiones por parte de las corporaciones 936 operando en la Isla. Entre el 1990 y el 2000, este detente en la inversión hubiese impacto la inversión interna bruta total en la Isla entre un 37% y 44% y entre un 54% y un 65% de la inversión en la manufactura. Desde la perspectiva del CBO, un cambio de status hacia la estadidad hubiese representado un cambio significativo en la estructura contributiva de Puerto Rico, lo cual hubiese afectado dramáticamente los beneficios de las Corporaciones 936s y por ende se hubiesen detenido las expansiones y nuevas inversiones de las empresas operando bajo la Sección 936. El CBO estableció en su informe que la eliminación de la Sección 936, bajo el escenario de que Puerto Rico se convirtiera en un estado, reduciría la capacidad de crecimiento de la economía de Puerto Rico. Según los cálculos del propio del propio organismo gubernamental, la eliminación de la Sección 936 pudiera implicar una reducción de 9% en los rendimientos después de contribuciones de cada corporación. La reducción en los beneficios contributivos pudiera motivar el que muchas Corporaciones 936s, decidieran re-localizar sus operaciones, en jurisdicciones con tasas contributivas mas bajas.

Igualmente estimó que la reducción gradual de los beneficios contributivos provistos por la Sección 936, implicaría que la economía gradualmente iría perdiendo la capacidad de crecimiento económico. La pérdida de la Sección 936 implicaría que entre el 1991 y el 2000, el Producto Bruto real se contraería en 15%. Igualmente, con la reducción en la actividad productiva se reduciría la capacidad de generar empleos. La reducción en actividad económica implicaría también un aumento de entre 4% y 7% en la tasa de desempleo, lo que obligaría al Gobierno Federal a aumentar las aportaciones federales al Estado Libre Asociado de Puerto Rico. Según establece el CBO en su informe, las transferencias federales hacia la Isla incrementarían $300 y $600 millones para compensar por los cambios económicos negativos asociados a la pérdida de la Sección 936. Desde el punto de vista del cambio de status hacia la estadidad el valor de las transferencias federales aumentaría a $18,000 millones entre el 1991 y el 2000.

Como parte del mismo estudio, un modelo económico utilizado por los analistas del CBO estableció que aunque a corto plazo el aumento en las transferencias federales fortalecería la capacidad de ingreso de los individuos, a mediano y largo la pérdida de inversión nueva como consecuencia de la eliminación de la Sección 936, neutralizaría los efectos positivos iniciales del incremento en las transferencias federales. La reducción en el crecimiento económico durante el período de 1991 al 2000, pudiera implicar la pérdida de hasta 100,000 empleos en Puerto Rico, mientras que la contracción productiva obligaría al gobierno a reducir el gasto público, toda vez que los recaudos contributivos se reducirían grandemente como consecuencia de la caída en el PNB real.

El estudió realizado por la firma Price Waterhouse advertía que la eliminación de la Sección 936 cambiarían dramáticamente la política de inversiones de las multinacionales operando en Puerto Rico. Según el estudio de Price Waterhouse, la eliminación de la Sección 936 puede representar la reducción del PNB en un 16%, provocaría la perdida de hasta 70,000 empleos directos e indirectos, y se perderían 40% de los depósitos de la banca. El estudio advertía que al finalizar los beneficios contributivos federales, muchas corporaciones se reorganizarían bajo corporaciones foráneas, lo que evitaría un aumento en los recaudos contributivos del Tesoro Federal.

Un análisis de elasticidad de la inversión de las Corporaciones 936s con respecto a cambios en las disposiciones contributivas produjo resultados consistentes con los del estudio del CBO y de Price Waterhouse. (Meléndez y Blum, 1997). El análisis de la elasticidad de la inversión de las corporaciones 936 con respecto a un cambio en los beneficios contributivos federales indicaba que la reducción de la inversión sería de 17% en el primer año de cambio en los beneficios contributivos. Sin embargo el estudio indica que este cambio externo afectaría la inversión de estas corporaciones por un lapso de tres años, lo cual se traduciría en un efecto adverso de 23.4% al final del período.

En el año 1993 la Asociación de Industriales de Puerto Rico, comisionó un estudio a la firma Corplan para analizar el impacto de los cambios en la Sección 936 y del Tratado de libre Comercio entre Estados Unidos, Canadá y México aprobado en el 1994 (TLCAN). El estudio titulado, "Estado Industrial de Puerto Rico" estableció que la economía de Puerto Rico se exponía a una erosión gradual en su competitividad industrial como consecuencia directa de la potencial pérdida de los beneficios contributivos de la Sección 936 y de la entrada en vigor del TLCAN de 1994. La combinación de ambos factores implicaría una pérdida de empleos industriales, específicamente en los sectores intensos en mano de obra, área en la cual Puerto Rico ha ido perdiendo ventajas competitivas debido al cambio en la propia estructura económica de la Isla.

En junio de 1993, el GAO realizó otro estudio titulado "Tax Policy: Puerto Rico and the Section 936 Tax Credit". Dicho estudio fue solicitado a petición del Comité de Finanzas del Senado Federal para conocer los posibles efectos económicos de las alteraciones en la Sección 936 sobre la economía de Puerto Rico y los ingresos fiscales de los Estados Unidos, asociados a dicho programa. El estudio también interesaba conocer el comportamiento de las inversiones de las Corporaciones 936s en Puerto Rico, el volumen de tráfico marítimo entre Puerto Rico y los Estados Unidos, el efecto multiplicador de la eliminación de los beneficios contributivos federales sobre la economía insular y los beneficios contributivos recibidos por las corporaciones vis-a-vis los empleos y la compensación salarial generada por las Corporaciones 936s.

El estudio reveló interesantes hallazgos que fueron muy relevantes para la posterior discusión en el Congreso Federal y eventual alteración a los beneficios contributivos de la Sección 936. Para el 1989, el costo contributivo para el Tesoro Federal de las empresas operando en la Isla bajo la Sección 936 fue de $2,600 millones. Para ese mismo año, el beneficio contributivo promedio por cada empleado de una corporación 936 fue de 24,300, sin embargo el salario promedio (incluyendo beneficios marginales) fue de $22,800. Para otras industrias más intensas en capital, el beneficio contributivo por empleado aún era mayor. Por ejemplo, para la industria química el beneficio contributivo promedio por empleado fue de $69,800, sin embargo la compensación salarial por empleado fue de $32,900.

Esta disparidad entre beneficios contributivos y beneficios salariales pagados por las Corporaciones 936s, fue uno de los fundamentos principales para legislar los cambios al estatuto federal por el Presidente Bill Clinton en el 1993. El eje del debate en el Congreso Federal y en la Casa Blanca era como buscar un balance entre los beneficios contributivos "excesivos" otorgados a las firmas de manufactura operando en la Isla, sin afectar el proceso de desarrollo económico de Puerto Rico. Bajo esta óptica, el análisis en la limitación de beneficios contributivos tenía que medirse en función de cómo esta afectaría la utilización de recursos humanos dentro de la economía de Puerto Rico. Para afectar lo menos posible el empleo en Puerto Rico, la propuesta de limitaciones contributivas del Presidente Clinton estaría más enfocada en las empresas más intensas capital. Según el estudio del GAO, la propuesta de la Casa Blanca para limitar los beneficios de la Sección 936 estaría enfocada en un crédito de no más del 60% del total de gastos de nómina pagada. Esta propuesta afectaría más severamente a 34 empresas, que perderían $1,300 millones en beneficios contributivos, equivalente al 73% de todos los créditos contributivos que se habilitarían por un esquema de créditos contributivos por salarios pagados en vez de créditos por ingreso. Bajo el nuevo concepto de créditos contributivos las empresas que más se verían afectadas serían las empresas intensas en capital. El análisis del GAO estimó que el cambio de la estructura de créditos contributivos afectaría a menos del 50% de un total de 308 empresas analizadas. Las empresas más intensas en mano de obra, no se verían tan afectadas bajo la propuesta de la Casa Blanca. Por ejemplo, las empresas operando en la industria de textiles pagan $12,600 anuales, pero solamente reciben un beneficio contributivo promedio de $2,100 por empleado. Bajo la propuesta del crédito salarial, estas empresas no se verían tan afectadas. Sin embargo, una empresa farmacéutica que para el año 1989 tenía un beneficio contributivo promedio por empleado de $71,700 comparado con un pago anual promedio de $33,800, perdería más beneficios contributivos con la propuesta del crédito por salario. Para estas firmas, la alteración en la estructura de incentivos contributivos si pudiera afectar la decisión de establecer nuevas empresas o plantas en Puerto Rico. Sin embargo, el propio estudio del GAO demuestra que las inversiones de las empresas intensas en capital y su impacto en la economía de Puerto Rico no eran proporcionales a los beneficios contributivos recibidos. Debido a que el crédito contributivo que reciben las corporaciones es por el ingreso y no por la inversión o el empleo generado, muchas Corporaciones 936s movían hacia las subsidiarias puertorriqueñas activos intangibles como lo son las patentes, marcas y otros activos intangibles, con el fin de maximizar su ingreso en la Isla.

Bajo este esquema, la Sección 936 en su estado original lejos de fomentar la creación de empleos, inversión, lo que fomentaba era la creación de ingresos a través de actividades no necesariamente productivas. La decisión de política pública del Gobierno Federal basado en las recomendaciones del estudio del GAO, descansaba en la siguiente premisa; reducir los beneficios contributivos a las empresas intensivas en capital era necesario para reducir la pérdida de ingresos fiscales del Tesoro Federal y promover una nueva estructura de beneficios contributivos por la creación de empleos en Puerto Rico. Esta última opción se convertía en la más deseable desde el punto de vista contributivo del gobierno federal y del fortalecimiento del desarrollo económico en Puerto Rico.

En el 2006, trece años después del primer estudio sobre la Sección 936 y su vínculo con la economía de Puerto Rico, el GAO nuevamente realizó otro estudio sobre el impacto de la eliminación de la Sección 936 sobre la economía de Puerto Rico. Nuevamente, el Comité de Finanzas del Senado Federal solicitó un análisis sobre la economía de Puerto Rico con el objetivo de conocer las principales tendencias de la economía de insular luego de la eliminación total de la Sección 936. Otros objetivos del estudio fueron, conocer el estado de las principales industrias operando en la Isla, analizar al estado de los principales indicadores económicos de Puerto Rico desde una perspectiva comparativa con los mismos indicadores de la economía de los Estados Unidos, y conocer el impacto de los programas federales sobre los residentes en Puerto Rico. El nuevo estudio del GAO estableció que para el año 2002, las actividades de las corporaciones norteamericanas operando en Puerto Rico representaron el 71% del valor añadido y el 54% del empleo total en la manufactura insular, mientras que otras corporaciones norteamericanas no-manufactureras representan el 25% del empleo en las áreas del comercio al detalle y al por mayor. Sin embargo se evidencia que en el sector de los servicios, las empresas de capital norteamericano tiene una menor presencia en términos de generación de empleos.

Entre el 1976 y el 1996, los créditos contributivos provistos por la Sección 936 tuvieron el efecto de aumentar la inversión directa de corporaciones multinacionales en Puerto Rico. Dicho aumento en inversión directa en actividad manufacturera permitió la concentración de grandes conglomerados industriales en las áreas de productos químicos, farmacéuticos, y productos electrónicos/ electrodomésticos. Pese a los aumentos en inversión, exportaciones, empleo y flujos financieros hacia la economía local inducidos por los incentivos contributivos federales, se evidencia un contraste con otros indicadores socioeconómicos. Uno de estos indicadores es el PNB per cápita. Pese a la presencia de los incentivos contributivos de la Sección 936 para el período bajo estudio, el PNB per cápita de Puerto Rico es de $14,000 dólares mientras que el PIB per cápita de los Estados Unidos es de $41,000.

Igualmente, otro indicador importante de la capacidad productiva, que es la tasa de participación laboral, no se ha visto afectada positivamente ante la presencia de los incentivos contributivos federales. Entre el 1980 y el 1996, la tasa de participación laboral se ha mantenido entre 46% y 48%. Igualmente, la Isla no podido fortalecer la capacidad de absorción del mercado laboral para reducir el desempleo. Para el período de entre 1980 y 2005, el PNB per cápita de Puerto Rico creció a una tasa promedio de 1.5%, mientras que el PNB per cápita de los Estados Unidos creció a una tasa de 1.9%.

El estudio del GAO de 1986 estableció que la eliminación de la Sección 936 tuvo el efecto de reducir la actividad manufacturera en la Isla. Entre el 1993 y el 2003 el total de corporaciones reclamando los beneficios contributivos se redujo de 378 corporaciones a 124. El nivel de ganancias reportadas por las corporaciones 936 se redujo de $24,800 millones a $12,100 millones, mientras que los créditos contributivos reclamados se redujeron de $5,800 millones en 1993 a $1,800 millones en el 2003. Igualmente, reconoce que la derogación de la Sección 936 tuvo el efecto de reducir el valor de los activos de las corporaciones operando en Puerto Rico de $59,500 millones a $41,100 millones. A partir del año 1996 el empleo total en la manufactura comenzó a descender de 170,000 empleos, hasta llegar al nivel de 110,00 empleos en el año 2006.

A pesar de la expiración de los beneficios contributivos provistos por la Sección 936, la aportación relativa del sector manufacturero se ha mantenido en 40%. Aunque la eliminación de la Sección 936 tuvo el efecto de reducir el empleo total en la manufactura, muchas de las corporaciones farmacéuticas operando en la Isla mantuvieron sus subsidiarias reorganizándose bajo Corporaciones Foráneas Controladas (GAO 2006) bajo la Sección 901 del Código de Rentas Internas de los Estados Unidos. Bajo esta estructura las corporaciones norteamericanas operando en una jurisdicción foránea pueden diferir el pago de contribuciones hasta que reporten y envíen sus ganancias a la compañía matriz. Dicha conversión impidió que el impacto de la eliminación de la Sección 936 sobre la economía local fuera peor de lo planteado por otros estudios. Sin embargo, a corto plazo las empresas que escogieron reorganizarse bajo la estructura CFC enfrentaron un costo contributivo, porque al momento de la conversión, la subsidiaria viene obligada a pagar contribuciones a la empresa matriz por concepto de activos intangibles, tales como patentes. Las empresas convertidas en CFC's pero que mantenían su patente en la compañía matriz vienen obligadas a pagar contribuciones federales por concepto de las regalías asociadas al uso de la patente para manufacturar una medicina o producto en la jurisdicción foránea. Oficiales del Departamento del Tesoro han expresado grandes preocupaciones sobre el verdadero efecto que tuvo la eliminación de la Sección 936 sobre el pago de contribuciones federales (GAO 2006).

El estudio del GAO plantea que aún después del final de los beneficios contributivos provistos por la Sección 936 en el 2005, el Tesoro Federal no haya recibido los ingresos fiscales que esperaba recibir, por la conversión de muchas empresas CFCs. Igualmente, se evidencia un nivel de pagos contributivos federales muy bajos como consecuencia del pago de regalías. Esto último se puede deber a que muchas corporaciones diseñaron estrategias que permitieron compartir con la CFC creada en Puerto Rico gran parte de la propiedad intelectual utilizada para el proceso de producción en la Isla. Se evidencia que la ganancia bruta de las CFCs creció de $2,400 millones en el año 1997 a $7,100 millones en el año 2001. Pese a que hubo una reducción en el número de empleos en la manufactura, se evidencia un aumento significativo en la inversión, específicamente en el sector farmacéutico. Entre el 1997 y el 2002, el valor añadido por empleado en la industria farmacéutica se amplía dramáticamente. En el 2002, el valor añadido por empleado en manufactura farmacéutica fue de $1.5 millón de dólares, tres veces más grande que la misma proporción para la misma industria en Estados Unidos. Mientras que en Estados Unidos esta proporción creció en 8% para el período de 1997 al 2002, en Puerto Rico el crecimiento fue de 65%. Esto sugiere que a partir del 2000, aún con la eliminación de la Sección 936, la industria farmacéutica logro consolidar sus operaciones en la Isla, tomando ventaja de la estructura CFC.

El estudio realizado por la CEPAL en el 2004 reconoce la importancia que tuvo la Sección 936 sobre el crecimiento económico de Puerto Rico. Entre el 1986 y el 1999, la inversión como proporción del PNB aumentó de 17% al 30%, para estabilizarse en 28% en el 2002. Sin embargo pese a la presencia de los incentivos contributivos federales la relación entre el PNB per cápita de Puerto Rico y los Estados Unidos, no regresa a los niveles de la década del setenta. Como parte de sus recomendaciones, el estudio de la CEPAL establece que Puerto Rico necesita articular una nueva política industrial que tome en cuenta no solo los condicionantes internos y del mercado de Estados Unidos, sino también las oportunidades de inserción en los mercados regionales que surgen en función del CAFTA-DR y otros acuerdos comerciales. Igualmente, la estrategia de desarrollo económico Post-936 tiene que hacer énfasis en las ventajas competitivas desarrolladas por Puerto Rico luego de cuatro décadas de experiencia industrial y hacer énfasis en el desarrollo de un sector externo de capital local. Recomienda también el desarrollo de conglomerados industriales en el área de alta tecnología y servicios especializados.

En el 2007, la Compañía de Fomento Industrial (CFI) publicó un estudio sobre la situación industrial de Puerto Rico. El estudio, realizado por la Oficina de Planificación Estratégica y Análisis Económico de la CFI, sirvió como base para evaluar los resultados de la Ley de Incentivos Contributivos de 1997 y la redacción de un nuevo estatuto de incentivos contributivos. El estudio titulado "Situación Económica e Industrial de Puerto Rico al 2006" además de analizar las tendencias industriales hasta el año 2006 evaluó el impacto de la eliminación de la Sección 936. Entre otras cosas, el estudio reconoce que la pérdida de la Sección 936 tuvo un impacto adverso en el desarrollo industrial de Puerto Rico. Durante el año 1997, la participación de las empresas 936 del valor añadido total generado por la manufactura fue de 72% mientras que su contribución al empleo fue de 40.8%. Para el 2002, estas aportaciones al valor añadido y al empleo, se redujeron a 26.7% y 31.8%, respectivamente. En adición a la pérdida de la Sección 936, la pérdida de empleos y de actividad en el sector industrial está ligada a al aumento en el salario mínimo federal, la reducción en las barreras arancelarias de Estados Unidos y los cambios en la economía internacional.

La combinación de los factores anteriormente mencionados unido a la pérdida de la Sección 936 han afectado la competitividad industrial de Puerto Rico y por ende su capacidad de crecimiento. Pese a que la Ley de Incentivos Contributivos de 1998 buscaba amortiguar la pérdida de los beneficios contributivos de la Sección 936/30-A, la realidad es que la reducción gradual de los incentivos contributivos federales provocó una acelerado proceso de cierres industriales y reducción en el empleo en la manufactura. Los cambios en la estructura industrial para el período de 1996 al 2006, quedan evidenciados al evaluar la pérdida de empleos por industrias. Por ejemplo, en este período de tiempo, la industria de ropa perdió un total de 18,200 empleos, la industria de alimentos perdió 7,200 empleos, y la manufactura de computadoras y equipo electrónicos perdió 5,400 empleos. Sin embargo la industria farmacéutica generó 3,100 empleos adicionales. Otro indicador que evidencia el dramática cambio de la estructura industrial de Puerto Rico lo es la composición de las exportaciones. Para el año 2000, el valor de las exportaciones de farmacéuticos, productos y equipos médicos ascendieron a $22,770 millones, lo que representó el 59.2% de las exportaciones. Sin embargo ya para el año 2006, el valor de las exportaciones de estas industrias, especialmente la de biotecnología, ascendió a $40,964 millones, representando el 68.1% de las exportaciones de Puerto Rico.

Más allá de los cambios en las disposiciones contributivas federales, la información empírica evidencia que la estructura de producción industrial ha ido evolucionando de una intensa en mano de obra hacia una intensa en capital y el uso del conocimiento. Por ejemplo, en el 1980 el empleo en la industria farmacéutica representaba el 11% del total, sin embargo para el 2002, esta aportación había aumentado a 25.9%. Mientras que la industria de textiles que en el 1980 representaba el 33.2% del empleo industrial, para el 2002, la aportación de este sector al empleo en la manufactura fue de 13%. Esto evidencia que en las últimas dos décadas, la actividad industrial evolucionó de industrias de poco valor añadido a industrias de alto valor agregado. Los cambios en la estructura y la naturaleza de los incentivos contributivos federales tienen que ser evaluados tomando en consideración este hecho.

Otros estudios independientes también han analizado el impacto de la Sección 936 sobre las estrategias de desarrollo de Puerto Rico. Para Collins y Bosworth, aunque la Sección 936 tuvo un impacto directo en el desarrollo industrial y en el crecimiento de la inversión, no fue del todo favorable para el desarrollo económico de la Isla (Collins y Bosworth, 2006). La estrategia industrial de Puerto Rico, lejos de promover el desarrollo de empresas locales con algún nivel de ventajas comparativas, se enfocó en el desarrollo de una base industrial fundamentada en las ventajas competitivas provistas por los incentivos contributivos. La diferenciación contributiva y no las ventajas comparativas fue el factor determinante en el desarrollo económico de la Isla, lo que afectó la sustentabilidad del proceso de desarrollo industrial de Puerto Rico. Además, la falta de estrategias para vincular a las empresas multinacionales a las empresas locales, lo que hubiese permitido eslabonamientos industriales verticales y horizontales, también afectó la sustentabilidad del crecimiento. Por otro lado, la eliminación de la Sección 936, unido a los nuevos tratados comerciales promovidos por los Estados Unidos (CAFTA-DR), ha erosionado las ventajas competitivas que una vez tuvo Puerto Rico, ejerciendo presión en el crecimiento económico del país. Aunque se vislumbra que Puerto Rico ha logrado retener gran parte de la actividad farmacéutica luego de la eliminación de la Sección 936, el carácter dinámico y cambiante de esta industria unido a los cambios globales que enfrenta el sector, puede implicar efectos adversos a Puerto Rico.

Por otro lado la transición hacia una nueva etapa industrial enfocada en manufactura de alta tecnología ocurre en el contexto de la re-formulación de los incentivos contributivos federales (Curet 2000). La conversión de la Sección 931 en 936, pareció ser la respuesta federal y del gobierno local a los problemas económicos de la

Isla. A partir de entonces, comienza la segunda mitad del proceso de desarrollo industrial de Puerto Rico, bajo el modificado programa de incentivos contributivos federales. En la segunda etapa se manifiesta el agotamiento del proyecto económico iniciado en la década del cincuenta, y el autor plantea que entre el 1975 y el 2000, el crecimiento económico anualizado apenas fue de 1.3%. La segunda etapa se caracteriza por las fluctuaciones de la economía local, la pérdida de efectividad de las políticas económicas, especialmente el esfuerzo promocional de Fomento Industrial, y la desaceleración de la inversión privada y el crecimiento del empleo. La transición hacia una industria intensiva en capital, y los manejos financieros creativos de las corporaciones 936's, lejos de fomentar un mayor grado de crecimiento económico como ocurrió en la primera etapa del 1950-75, aparentemente no tuvo el impacto deseado.

Otros economistas han criticado la Sección 936 y la han catalogado como "mantengo corporativo" (Odishelidze y Laffer 2003). El costo de la dependencia le ha impedido a la economía insular desarrollar estructuras productivas autosuficientes, por el otro la dependencia económica le cuesta a los contribuyentes de Estados Unidos $22,000 millones anuales. Los subsidios directos e indirectos a los ciudadanos norteamericanos del "territorio" ha atado a la economía local a una relación de dependencia que se agravó aún más por la presencia de los incentivos de la Sección 936. Al evaluar el programa de incentivos contributivos federales, los economistas presentan una cronología histórica que comienza en el 1921 con la Sección 931 del Código de Rentas Internas Federal y concluye en el 1996, con la derogación de la Sección 936, sucesora de la anterior. Durante tres cuartas partas del siglo XX, la economía puertorriqueña estuvo atada a lo que los autores catalogan como un "embeleco fiscal" (tax gimmick) que lejos potenciar un verdadero desarrollo económico solo favoreció contributivamente a miles de corporaciones manufactureras sin aportar mucho a un proceso sustentable de desarrollo económico para Puerto Rico.

Otro aspecto importante al momento de evaluar la aportación de la Sección 936 a la economía de Puerto Rico es el impacto en la industria bancaria puertorriqueña (Pantojas 1989) Para maximizar la presencia de las corporaciones norteamericanas acogidas a la Sección 936, se incentivó la inversión de las ganancias de las corporaciones en actividades elegibles, como le era la inversión en depósitos e instrumentos originados por el gobierno local o la banca puertorriqueña. Entre el 1977 y el 1988 los depósitos de las Corporaciones 936s en la banca comercial, aumentaron de $1,600 millones a $6,500 millones. Eso permitió la presencia en la Isla de importantes bancos internacionales como el CitiBank, el Chase, Bank of America y Bank of Boston. Ninguno de estos bancos mantiene presencia actualmente en la Isla, siendo el CitiBank el último en salir del país en el 2007. Desde esta perspectiva, la desaparición de la Sección 936 ha tenido un efecto adverso en la banca y en el sistema financiero puertorriqueño. A tales efectos, nos parece importante analizar como parte del proyecto de tesis el efecto económico que ha tenido sobre la economía local la pérdida de los depósitos bancarios de las Corporaciones 936s. Aunque la banca pudo sustituir gran parte de estos depósitos con "brokered deposits", las condiciones actuales de acceso de los bancos a los mercados de capital, ameritan un análisis desde la perspectiva financiera.

Durante el momento de mayor apogeo de los llamados fondos 936s, en la década del 1980, Puerto Rico jugó un papel protagónico dentro de lo que se conoció como el Caribbean Basin Initiative (CBI). Bajo este esquema, habilitado en la década del 1980, desde Puerto Rico se financiaban proyectos de desarrollo económico en la región de Centroamérica y el Caribe. Junto con esta participación financiera se elaboró el concepto de las plantas gemelas que permitía procesos de producción complementarios entre plantas de manufactura ubicadas en países vecinos y plantas ubicadas en la Isla. Bajo este esquema, las plantas ubicadas en la región manufacturaban la parte más intensa en mano de obra de un producto, que eventualmente era terminado en Puerto Rico, para su posterior exportación a los Estados Unidos. La madurez y sofisticación industrial/financiera lograda bajo la Sección 936 entre el 1976 y el 1996, fue un importante avance que no ha tenido el debido análisis económico. La pérdida de ese conocimiento y esos adelantos, son costos intangibles que han sido subestimados en los estudios examinados sobre el rol de la Sección 936 en el desarrollo económico de Puerto Rico.

La Sección 936, más allá de ser un mecanismo de atracción de capital industrial, creó un sistema económico dentro de la economía de Puerto Rico (Alameda, 2008). Las corporaciones 936 ayudaron a crear un sub-sistema productivo integrado por inversiones en planta física, depósitos en la banca, inversiones en activos intangibles e ingresos fiscales. Igualmente, de la Iniciativa para la Cuenca del Caribe, que permitía el financiamiento de proyectos económicos en los países vecinos. La eliminación de la Sección 936 implicó un impacto no sólo sobre la manufactura sino sobre otros sectores de la economía. Al desaparecer la estructura de incentivos contributivos la Isla perdió el mecanismo que vinculaba el ciclo económico de los Estados Unidos con el ciclo económico de Puerto Rico. La recesión iniciada en el 2006 es explicada en 59% por la contracción de la manufactura y 33% por el sector de las finanzas y bienes raíces, según Alameda.

Otros estudios sobre el tema abordan el tema de la política industrial de Puerto Rico en el escenario Post-936. Ante la pérdida de los incentivos contributivos federales, la política industrial debe enfocarse en maximizar las ventajas comparativas que aun retiene la Isla en algunos sectores de la industria. Lawrence y Lara (2006), utilizando como base la composición de las exportaciones de Puerto Rico en el 2003, plantean que la política industrial de enfocarse hacia áreas en donde la Isla exhibe un alto nivel de ventajas comparativas como lo son las industrias intensas en capital. Puerto Rico parece tener ciertas ventajas comparativas en la manufactura de proctos de alta tecnología, no porque inherentemente el País haya desarrollado de forma endógena esas ventajas sino porque la propia estructura contributiva provista por la Sección 936, proveyó para eso. Pese a la pérdida de los incentivos federales, el gobierno aún está en posición de poder diseñar una política industrial enfocada en los conglomerados de empresas de alta tecnología y de alto valor añadido, y en la exportación de servicios hacia los Estados Unidos y los países de América Latina.

CAPÍTULO 3

EVOLUCIÓN DE LA ECONOMÍA DE PUERTO RICO DEL 1950 AL 2006

3.1. INTRODUCCIÓN

Durante la segunda mitad del Siglo XX, específicamente entre el 1948 y 1952, nació el proyecto de industrialización de Puerto Rico que se conoció como Manos a la Obra. Dentro del contexto de la posguerra y la hegemonía económica de los Estados Unidos, el gobierno de ese país formuló un nuevo proyecto político y económico que implicó una transformación de su posesión más importante en el Caribe. En la estrategia conocida como "Industrialización por invitación" la espina dorsal del modelo económico fue la disponibilidad de Incentivos contributivos en el ámbito local y en la esfera federal. La Ley de Incentivos Contributivos, se convirtió en el instrumento que subsanaba las deficiencias del país, pues la reducción en la tasa contributiva corporativa viene a contrarrestar los altos costos de hacer negocios en Puerto Rico. Ante las limitaciones del territorio, la riqueza agrícola y de recursos naturales, la oferta de incentivos contributivos y federales fue crucial en la movilización de recursos e inversiones de Estados Unidos a Puerto Rico para viabilizar la industrialización.

La primera Ley de Exención Industrial de Contribuciones de Puerto Rico es de 1948. El programa de industrialización buscaba asegurar que la economía de Puerto Rico se cimentara sobre bases sólidas, darle el mayor grado de estímulo a empresas emergentes y existentes, utilizar de la manera más eficiente los recursos humanos del país y fomentar las oportunidades de empleo para las masas trabajadoras. Además, se aseguraba que el incentivo que se le ofrecía a las empresas era de base sólida y de inconfundible seguridad. Puerto Rico fue pionero en la creación de un mecanismo de atracción de inversión de este tipo. Sin embargo, la Asamblea Legislativa y el Gobierno de Puerto Rico estuvieron mejorando continuamente los beneficios que otorgaba esta legislación, así en 1953 se reformula el programa con el propósito de crear un mínimo de 80,000 nuevos empleos en la década que terminaba en 1960.

Para 1950, la industria de la manufactura creaba 55 mil empleos y ya para el año 1960 esta cifra ascendía a 81 mil. Más adelante, se aprueba una nueva ley de incentivos en el 1963, que extendió por diez años más el incentivo de la exención contributiva con el propósito de continuar una industrialización más rápida y lograr que todo Puerto Rico participara del programa de desarrollo. Para lograr esa expansión del desarrollo industrial por todo el país se le proveyó una exención de 12 años a las empresas que se establecieran fuera de las zonas de alto desarrollo. Sin embargo, este período de exención se extendió a 17 años tras la aprobación de una enmienda a la ley en 1971. Al inicio de la década de 1970 ya el número de empleos generado por la manufactura era de 132 mil. A partir del 1977 se inició un proceso de recuperación económica y de rehabilitación del estado social y productivo del país.

3.2. EL NACIMIENTO DE LA SECCIÓN 936

En el año 1976, la Sección 931 del Código de Rentas Federal fue enmendada para convertirse en la Sección 936. Esa enmienda sirvió para fortalecer la capacidad de atraer nuevas empresas de manufactura. Además, se inició el programa federal conocido como los "cupones de alimentos" en el año 1977. Este programa, financiaba el acceso de las clases más pobres al consumo de alimentos. En el año 1982, ese programa fue enmendado, para convertirse en el Programa de Asistencia Nutricional (PAN), permitiendo que el gobierno federal le enviara dinero a las personas para el consumo de alimentos y otras necesidades básicas (Curet 2003)

En 1978, se reformula el programa de incentivos contributivos, eliminando la exención total y concediendo exenciones parciales en gradaciones de periodos que se extendían desde 10 hasta 25 años, de acuerdo al lugar en donde se estableciera la empresa. Según las estadísticas de la Junta de Planificación, para 1980 el número de empleos generados por la manufactura era de 157 mil. En el inicio de la década del 1980 (1981-84), la economía local se ve golpeada nuevamente por una recesión (1981-82) que se agudizo por los recortes en el gasto federal de la primera administración Republicana de Ronald Reagan. El empleo, la inversión y el ingreso experimentaron una reducción como resultado de la contracción económica.

3.3. La economía a partir de la década del 1980

En términos de ejecución económica, El PNB per capita creció de $1,159 en 1976 a $1,195 en 1984, el Consumo Per capita creció de $1,166 a $1,271 para el mismo periodo. No obstante, la inversión de capital decreció de $723 millones a $492 millones. En el 1986, se aprueba la Ley de Incentivos Industriales de 1987 que dispuso que los negocios exentos gozarían de una exención contributiva sobre el 90 por ciento de sus ingresos, pero en adición tendrían que aportar un .00075 de el volumen de ventas que generaran sobre un millón de dólares para un Fondo Especial que financiaría proyectos de investigación y desarrollo, entre otros. Para 1995 el número de empleos generados por la manufactura era de 172 mil.

3.4. Los cambios en el orden económico internacional

Durante la década del 1990, ocurrieron significativos cambios en el ámbito económico mundial y así como en el terreno político internacional, que afectaron la viabilidad del modelo económico. Durante ese periodo, comenzó y se intensificó el proceso de integración económica de los antiguos países del bloque socialista a la economía global occidental, fue el periodo del ascenso de China como potencia económica mundial; del surgimiento de la moneda europea, y su consolidación como divisa fuerte internacional; y fue en ese periodo, que Estados Unidos comienza a negociar tratados comerciales multilaterales en diversas regiones América Latina, (ALCA, CAFTA-DR). Mientras se suscitaban todos esos cambios alrededor del mundo, Puerto Rico perdía los beneficios de la Sección 936 mediante Legislación Federal. Se incrementó significativamente la deuda pública para financiar grandes proyectos de infraestructura. En el 1997, se aprueba la Ley de Incentivos Contributivos de 1998 que eliminó el "tollgate tax" e impuso una tasa fija de contribución de 7 por ciento, además proveyó deducciones por inversión en edificios, estructuras, maquinarias y equipo; creó un Fondo Especial de Desarrollo, exención de intereses en préstamos a negocios pequeños y medianos, así como deducciones especiales por gastos de adiestramiento, investigación y desarrollo.

3.5. INICIO DE LA CRISIS ECONÓMICA 2000 - 2006

El período que comprende el 2001 y el 2006, se puede definir como uno de deterioro económico, fiscal y la perdida de competitividad comercial de Puerto Rico. Los cambios económicos internacionales unido al fin de la expansión del crecimiento económico de los Estados Unidos, se conjugaron con el debilitamiento económico interno para colocar a la economía local en una situación de recesión permanente.

El surgimiento de un déficit fiscal estructural que en el 2001 era de $700 millones, obligó a implementar un aumento en los arbitrios a las bebidas alcohólicas, a los cigarrillos y a algunos tipos de vehículos de motor, como una medida para allegar nuevos recursos al fisco. En el año comienza a acelerarse el cierre de fábricas, provocado principalmente por la eliminación de la Sección 936, en el 1996. Sobre 25 de establecimientos de manufactura anunciaron el cierre total de sus operaciones entre enero y junio de 2001, lo que implicó la perdida de miles de empleos directos en el sector industrial. Igualmente, los ataques terroristas de Septiembre 11, y los conflictos bélicos subsiguientes en el medio oriente, provocaron una recesión que afectó a la economía local durante los primeros seis meses del 2002. Entre el 2001 y el 2004 la deuda publica total había aumentado significativamente, de $25,184 millones en el 2001, aumento a $37,481 millones. En el plano económico todos los indicadores mostraron un crecimiento moderado.

Ya a partir del 2005 comienzan a dejarse sentir los primeros efectos de la actual crisis económica y fiscal. Un déficit estructural de $1,200 millones, unido a la desaceleración económica creó las condiciones para la actual recesión que en marzo de 2009 cumplió tres años. La imposición de un nuevo tributo al consumo, sin la provisión de suficientes alivios contributivos, unido a la caída de la inversión interna de capital fijo y el alza en el precio del petróleo, crearon las condiciones para crear la actual recesión. Mas adelante la crisis financiera y el inicio de la recesión en los Estados Unidos iniciada en diciembre de 2007 parecieron añadirse a la lista de factores que explican y agravan la actual contracción económica de Puerto Rico.

Capítulo 4

Desarrollo del modelo econométrico

4.1. Introducción

La conceptualización de las posibles alternativas para estimar el impacto de la eliminación de los beneficios contributivos provistos por la antigua Sección 936 nos llevó a revisar los modelos más efectivos para un ejercicio empírico de esta naturaleza. El acercamiento a los modelos auto-regresivos para analizar los objetivos de este trabajo de investigación, esta fundamentado en el hecho de que perseguimos conocer la relación entre múltiples variables macroeconómicas a través del tiempo. La ventaja del modelo de rezagos distribuidos, es que permite conocer no solo los valores actuales sino también los valores rezagados de las variables explicativas. Este tipo de modelo de carácter dinámico, permite conocer la trayectoria de una variable dependiente en el tiempo en relación a sus valores pasados.

La justificación de la utilización de un modelo VAR tiene como base una aproximación econométrica que recurre a la utilización de series temporales, en el sentido de conciliar el análisis histórico de la evolución de la economía y el análisis dinámico de las variables en estudio (Geroski y Mata, 2001). Los modelos de Vectores Auto-Regresivos fueron introducidos por Christopher Sims (1980) como alternativa a los modelos estructurales multi-ecuacionales, basados en la clasificación a priori de las variables en exógenas o predeterminadas y endógenas y en la imposición de restricciones cero (arbitrarias) a los parámetros estructurales.

A pesar de que los modelos VAR convencionales no pueden ser usados en la inferencia sobre la estructura de una economía, no obstante, podrán ser utilizados en la estimación de parámetros de interés útiles a la formulación de políticas, pues permiten obtener la descomposición de la varianza y las funciones impulso respuesta. Los principales objetivos de la utilización de este tipo de modelos reside en la explicación de las siguientes relaciones dinámicas; El tiempo de reacción de las respuestas a los choques; la dirección, el patrón y la duración de estas respuestas; la intensidad de interacción entre las diversas variables contenidas en el VAR.

Los sistemas VAR también han permitido estudiar empíricamente los mecanismos de transmisión de la política monetaria. Probablemente, uno de los mayores usos que han tenido los VAR ha sido en el terreno de la política monetaria (Vidal 2008). El resultado de la política monetaria a los choques en el resto de las variables. El VAR permite estimar las relaciones en el tiempo usando el menor número de supuestos económicos.

La representación matemática de un modelo VAR es:

$$y_t = A_1\, y_{t-1} + \ldots + A_p\, y_{t-p} + Bx_t + \in_t$$

Donde y_t es un vector k de variables endógenas, x_t es un vector d de variables exógenas, $A_1, \ldots, A_p$ y B son matrices de coeficientes a ser estimadas, y $_+\in_t$ es un vector de innovaciones no correlacionadas con el valor de los rezagos.

4.2. SELECCIÓN DE LAS VARIABLES

La selección de variables se fundamentó en los principios básicos de la teoría macroeconómica. Partimos del objetivo de evaluar el Producto Real potencial de la economía de Puerto Rico entre el período de 1997 al 2005, bajo el supuesto de que la estructura productiva de la Isla se hubiese quedado inalterada. Es decir, buscamos conocer como se hubiese comportado el PNB real, si no hubiese eliminado la Sección 936 del Código de Rentas Internas Federal. Queremos estimar como hubiese evolucionado el PNB real si la estructura productiva de Puerto Rico se hubiese quedado inalterada durante el período de 1997 a 2006. Para evaluar establecimos las principales variables macroeconómica que explican el comportamiento productivo de Puerto Rico.

Las variables escogidas fueron:
- Producto Bruto real
- Gastos de consumo real
- Inversión interna de capital fijo real
- Empleo total
- Empleo en la manufactura
- Precio del petróleo

Se escogió una serie desde el 1960 hasta el 1996 y todas las variables están representadas en términos reales. Establecemos que existe una clara relación macro-económica entre el PNB real de Puerto Rico y las variables explicativas de la variable dependiente. Es decir, el valor real de la producción real de Puerto Rico puede explicarse en gran medida por los gastos de consumo, por la inversión, por el empleo total y el empleo manufacturero. Se asume también que el petróleo tiene un gran impacto en la economía por el lado externo, toda vez que Puerto Rico depende de la importación de petróleo para producir bienes servicios. En el modelo, el petróleo es una variable exógena. Para una economía altamente abierta las fluctuaciones del precio del petróleo impactan significativamente la actividad económica local.

4.3. La representación del VAR estructural

El modelo VAR tiene la ventaja que provee flexibilidad para aislar el impacto (choque) de una variable en particular sobre otra. Esto permite relacionar los choques de una variables sobre otras y poder realizar análisis sobre las diversas interrelaciones macroeconómicas, ya sea por el lado de la oferta (producción) o por el lado de la demanda (gasto). En el modelo que desarrollamos para la tesis, se diseñó un modelo VAR sin restricciones y una vez validado, el modelo con todas las pruebas estadísticas de rigor impusimos las restricciones sobre el modelo.

Si asumimos que y_t es un vector k de variables endógenas y asumimos que $\sum = [e_t\, e_t']$ sea la matriz de la co-varianza de los residuales, según Amisano y

Giannini (1997) podemos representar el VAR en su modelo reducido SVAR de la siguiente forma;

$$Ae_t = Bu_t$$

Donde; e_t y u_t son vectores con la dimensión k. e_t es la forma reducida de los residuales, y u_t representa las innovaciones estructurales. A y B son las matrices a ser estimadas con dimensión k x k. Se asume que las innovaciones estructurales u_t son normales, es decir, la matriz de la co-varianza es una matriz de identidades $E[u_t + u_t'] = I$

El supuesto de las innovaciones u_t impone las siguientes restricciones en A y B:

$$A \sum A' = BB'$$

La expresión anterior impone la restricción k(k +1)/2 en 2k y en A y B. Entonces para identificar para A y B, necesitamos proveer al menos 2k – k(k+1)/2 = k(3k -1)/2, como re-estricciones adicionales dentro del modelo.

Para poder las matrices de factorización A y B tenemos que proveer restricciones adicionales. Sin embargo hay que distinguir entre las re-estricciones de corto plazo y las re-estricciones de largo plazo. Para efectos del modelo SVAR utilizado en esta tesis, aplicaremos las restricciones de corto plazo. Como parte de los procedimientos utilizados en el desarrollo del modelo con las herramientas de E-views, creamos las matrices de factorización A y B. Cualquier elemento dentro de la matriz que interesemos estimar tiene que ser denominado como "NA". Todos los otros valores no desconocidos se mantendrán constantes con sus valores especificados. De esta forma especificamos las dos matrices de restricción los siguientes elementos:

Matriz A:

$$\begin{matrix}
1 & 0 & 0 & 0 & 0 \\
NA & 1 & 0 & 0 & 0 \\
NA & NA & 1 & 0 & 0 \\
NA & NA & NA & 1 & 0 \\
NA & NA & NA & NA & 1
\end{matrix}$$

Matriz B:

$$\begin{matrix}
NA & 0 & 0 & 0 & 0 \\
0 & NA & 0 & 0 & 0 \\
0 & 0 & NA & 0 & 0 \\
0 & 0 & 0 & NA & 0 \\
0 & 0 & 0 & 0 & NA
\end{matrix}$$

4.4. Pruebas estadísticas aplicadas al modelo

4.4.1. Matriz de correlaciones

Mide la relación de causalidad entre las distintas variables dentro del modelo. Permite conocer el grado en el que cada una de las variables explica el comportamiento de las otras variables.

	PNB	I	C01	E	EM	OP
PNB	1	0.71164	0.9912	0.9509	0.8677	0.6714
I	0.7116	1	0.7331	0.8068	0.6289	0.07486
C01	0.9912	0.73316	1	0.9731	0.8059	0.6184
E	0.9509	0.8068	0.9731	1	0.7297	0.4823
EM	0.8677	0.6289	0.8059	0.7297	1	0.6636
OP	0.6714	0.0748	0.6184	0.4823	0.6636	1

La tabla anterior muestra que la relación explicativa entre las seis variables que integran el modelo. Mientras mayor el valor de cada uno de los elementos mayor es la relación de causalidad entre las variables. Por ejemplo utilizando la fila 2 (C01) y la columna 1, PNB, el valor es .9912, lo que sugiere que el consumo explica en 99% el comportamiento de la serie PNB dentro del modelo.

4.4.2. Prueba de estacionalidad

La relevancia de la prueba de estacionalidad está relacionada que una media, varianza y estacionalidad constantes son necesarias para estimar de forma precisa los parámetros del VAR o el modelo a utilizarse. La estacionalidad permite conocer si que cada segmento de la serie es igual que las demás. De esta manera que la media, varianza y covarianza de una serie no dependen del tiempo sino de la diferencia en tiempo en el cual dos observaciones son identificadas. Debido a que las series de tiempo pueden exhibir una tendencia determinística o estocástica, la prueba de raíces unitarias es una forma de determinar qué tipo de tendencia presenta la serie.

4.4.3. Prueba de raíces unitarias

La prueba de raíces unitarias fue realizada para las series como la para la primera diferencia de las series. Se realizó la prueba

---

Dickey-Fuller cada una de las series del modelo. Los resultados de la prueba para las series se reflejan en la tabla;

Tabla 4.1
Resultados de raíces unitarias

	ADF Test	1%	5%
Co1	-3.7802	-3.5847	-2.9281
PNB	-2.6585	-3.5847	-2.9281
E	-6.6599	-3.5847	-2.9281
EM	-3.6112	-3.5847	-2.9281
I	-4.4695	-3.5847	-2.9281
OP	-5.0711	-3.5847	-2.9281

Basado en la hipótesis nula (H0 = 0) de que las series contienen el problema de raíces unitarias en los niveles de significancia 1% y 5%, los valores de ADF para cada una de las series son estadísticamente significativos (excepto la serie PNB) se rechaza la hipótesis nula se acepta la hipótesis alterna de que la series son estacionarias.

4.4.4. Prueba LM

La prueba del Multiplicador de Lagrange permite conocer si existe alguna tipo de correlación entre los rezagos de las variables que componen el VAR. Se realizó la prueba LM y se aceptó la hipótesis nula que no existe correlación entre los residuales.

Para esta prueba, el planteamiento de hipótesis es el siguiente:

H0: Ausencia de correlación entre los rezagos hasta el rezago de orden I

H1: Hay auto-correlación hasta el rezago de orden I

El criterio decisional provee para lo siguiente:

Se rechaza H0 si la probabilidad es menor o igual a .05; No se rechaza H0 si la probabilidad es mayor a .05.

Tabla 4.2
Resultados de la Prueba de correlación LM

VAR Residual Serial Correlation LM Test Null Hypotesis: No serial correlation at I Sample: 1961 2006 Included Observations		
Lags	LM-Stat	Prob
1	26.5959	0.3764
2	35.9097	0.0732

Las probabilidades presentadas en la prueba anterior nos permiten aceptar la hipótesis nula, permitiéndonos establecer que no hay auto-correlación entre los rezagos.

4.4.5. ANÁLISIS DE COINTEGRACIÓN

El propósito de la prueba de co-integración es determinar si en efecto un grupo de series no estacionarias están co-integradas entre si. Eagle and Granger (1987) descubrieron que una combinación lineal de dos o más series no estacionarias puede ser estacionarias. Si existe una combinación de estacionalidad lineal, se dice que una serie de tiempo no estacionaria está co-integrada. La combinación lineal estacionaria se llama ecuación de co-integración y puede ser interpretada como las relaciones de largo plazo entre las variables de una serie de tiempo.

Tabla 4.3
Resultados prueba de Cointegración

Sample adjusted 1964 2006				
Included observations				
Trend Assumptions: Linear deterministic trend				
Series: C01 E EM I PNB				
Exogenous Series OP				
Warning: Critical values assume no exogenous series				
Lag Interval (in first differences) 1 to 2				
Unrestricted Cointegration Rank Test (Trace)				
Hypothesized No. of CE(s)	Eingevalue	Trace Statistic	0.05 Critical Value	Prob.
None	0.5471	81.3836	69.8188	0.0045
At most 1	0.3836	47.3151	47.8561	0.0562
At most 2	0.3226	26.5049	29.7971	0.1143
At most 3	0.1462	9.7531	15.4947	0.3002
At most 4	0.0664	2.9559	3.8414	0.0856

Para un nivel de significancia de 5% la prueba establece que existen 2 vectores de co-integración.

4.4.6. ANÁLISIS DE IMPULSO – RESPUESTA

Ya con el modelo estadísticamente validado, podemos proceder con los análisis de impulso respuesta y la descomposición de la varianza. El primero nos Permite conocer el efecto de un choque de una de las innovaciones en el valor presente o futuro de las variables del modelo. Se realizó el análisis correspondiente utilizando la prueba Cholesky y en efecto se evidencia el efecto o choque que tiene cada variable para cada unas de las variables dentro del sistema. La siguiente tabla demuestra claramente la relación de impulso respuesta de cada una de las variables sobre la serie PNB

Tabla 4.4
Análisis impulso – respuesta para serie PNB

Periodo	C01	Empleo	Emp. manufactura	Inversion	PNB
1	0.012563	0.002274	0.006852	0.00298	0.011513
2	0.014553	0.001496	0.000397	0.009425	0.006411
3	0.011044	-0.003239	0.000696	0.0006949	0.003171
4	0.005485	-0.001282	0.000735	0.004189	0.001092
5	0.002556	-0.001566	0.001871	0.001754	0.000101
6	0.000824	-0.000793	0.001541	0.000836	-0.0002999
7	0.0000263	-0.000787	0.001376	0.00026	-0.000112
8	-0.0000214	-0.000487	0.000912	0.0000884	-0.0000186
9	-0.000144	-0.000413	0.000704	-0.00526	0.0000428
10	-0.0000562	-0.000268	0.000497	-0.0000333	0.0000399

Las relaciones de impulso respuesta representadas en la tabla anterior demuestran claramente que por el lado de la oferta los cambios en el empleo industrial, impactan el PNB de forma positiva. Por el lado de la demanda, los cambios en el consumo y en la inversión tienen un gran impacto positivo sobre el PNB que se sostiene a través del tiempo.

Gráfica 4.1

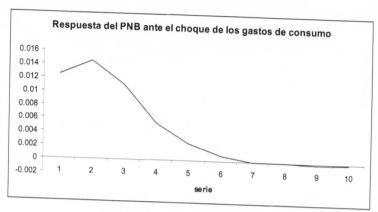

La gráfica 4.1 demuestra el impacto positivo de los gastos de consumo real sobre
el PNB que se sostienen con fuerza en la
serie.

Gráfica 4.2

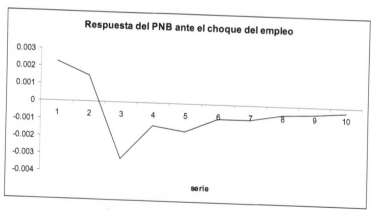

El empleo total tiene impacto positivo
sobre el PNB pero se diluye a partir del
periodo 2.

Gráfica 4.3

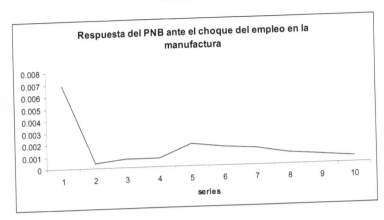

El empleo en la manufactura tiene un efecto positivo sobre el PNB que se sostiene a través de toda la serie.

Gráfica 4.4

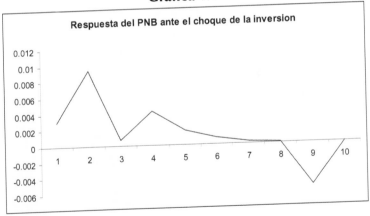

La inversión tiene un impacto positivo sobre el PNB que se mantiene hasta el periodo 8.

4.4.7. Descomposición de la varianza

Mediante esta prueba se separa la variación de una variable entre los choques que pueden ocurrir dentro de las demás variables dentro del VAR. La descomposición de la varianza provee información sobre la importancia de las innovaciones aleatorias que tienen las variables que integran el VAR. Se realizó la prueba para cada una de las variables del VAR y se obtuvo la descomposición de la varianza para cada variable. Los resultados de la descomposición de la varianza se resumen en una tabla que tiene varias columnas y filas. La primera columna (SE) contiene el error de pronóstico para cada una de las variables en determinado período de tiempo. La fuente de este error es la variación presente y futura en los valores de la innovación de cada variable endógena dentro del VAR. Las columnas restantes dentro del modelo proveen el porcentaje de variación del pronóstico debido a cada innovación.

Tabla 4.5
Análisis de resultados en la descomposición de la varianza

Periodo	SE	Consumo	Empleo	Emp. Man.	Inversion	PNB
1	0.018745	44.91982	1.471542	13.3613	2.5267	37.7204
2	0.026371	53.14667	1.065203	6.7733	14.0489	24.9658
3	0.029778	55.43681	2.018281	5.3668	16.4641	20.7141
4	0.030623	55.62971	2.083716	5.1325	17.4394	19.7145
5	0.030876	55.40652	2.306968	5.4154	17.4774	19.3936
6	0.030948	55.21891	2.361804	5.6379	17.4688	19.3124
7	0.030991	55.06979	2.419993	5.8199	17.4286	19.2616
8	0.031008	55.01023	2.441874	5.8999	17.4091	19.2391
9	0.031019	54.97288	2.457819	5.9468	17.3969	19.2225
10	0.031025	54.95466	2.464464	5.9705	17.3911	19.2192

La tabla anterior demuestra claramente como el consumo y la inversión tienen una importancia relativa superior a los demás componentes del modelo. Esto implica claramente como los efectos del consumo y la inversión se propagan con más rapidez a través del modelo que las demás variables.

Gráfica 4.5

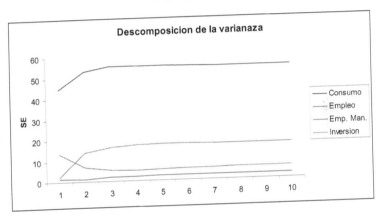

La gráfica presenta con mayor claridad las relaciones entre las diferentes relaciones de los choques de la serie PNB1. El consumo y la inversión tienen un mayor impacto sobre el comportamiento del PNB según se establece en la estructura del modelo. El resultado es consistente con la realidad empírica del comportamiento económico de Puerto Rico, en años recientes. La reducción en los gastos de consumo personal unido a los altos precios del petróleo, han afectado el crecimiento real del PNB.

CAPÍTULO 5

INTERPRETACIÓN DE LOS RESULTADOS

5.1. INTRODUCCIÓN

Con el modelo VAR en función reducida SVAR proyectamos para el período de 1996 al 2006, el crecimiento real del PNB bajo el supuesto que la economía hubiera mantenido la misma estructura productiva y las tendencias económicas para el período de 1960 a 1996. Se escogió este período de tiempo porque fue precisamente en el 1996 cuando el Congreso de los Estados Unidos, aprobó legislación para derogar la Sección 936 del Código de Rentas Internas Federal. La legislación proveía un período de diez años de desfase para los beneficios contributivos federales. Dicho término de vigencia expiro en el año 2005. Para sustituir los beneficios de la Sección 936, el Congreso Federal proveyó un mecanismo transitorio bajo la Sección 30-A, que proveía créditos contributivos por los gastos en nómina y empleos creados.

Debido a que las operaciones de las corporaciones manufactureras operando en Puerto Rico habían evolucionado a operaciones intensas en capital, esta nueva disposición no fue lo suficientemente atractiva para retener actividad industrial en la Isla y mucho menos en incrementarla. Los cambios en las disposiciones contributivas federales bajo las cuáles habían operado las corporaciones manufactureras en Puerto Rico, representaron un significativo impacto en su modelo de negocio, fundamentado en altos niveles de ganancias bajo un modelo contributivo. Aunque para los años de 1997, 1998, 1999, y 2000, la economía se mantuvo creciendo a tasas reales de 3.2%, 3.4%, 4.2% y 3.1% respectivamente, ya para el 2001, el PNB real solo creció en 1.3%. En le año 2002, el PNB real decrece en .3%, en parte por los efectos económicos de los ataques terroristas de septiembre 11. Para los años de 2003, 2004 y 2005, el PNB real experimentó tasas de crecimiento de 2.1%, 2.7% y 1.9%.

Gran parte de este crecimiento fue posible a fuertes inversiones del gobierno en obra pública como parte de una estrategia iniciada en el 2003, que buscaban reactivar la economía. Igualmente el gasto público fue esencial como parte de esa estrategia anti-cíclica. Sin embargo ya para el 2005, el PNB real volvía a mostrar un patrón de debilidad, y para ese año el crecimiento real a penas fue de 1.9% y en el año 2006, fue de .9%. La tabla 5.1 muestra como a partir del año 2000 comienza el debilitamiento de la estructura productiva de la economía local, en gran medida inducido por la desaceleración de la actividad manufacturera y los otros factores estructurales y coyunturales.

Tabla 5.1
Proyección del PNB y PNB observado

	PNB proyectado	PNB observado	Diferencia
1997	4.3%	3.4%	0.9%
1998	3.7%	3.2%	0.5%
1999	2.4%	4.2%	-1.8%
2000	2.9%	3.1%	-0.2%
2001	4.2%	1.3%	2.9%
2002	1.6%	-0.3%	1.9%
2003	1.4%	2.1%	-0.7%
2004	2.5%	2.7%	-0.2%
2005	2.1%	1.9%	0.2%
2006	1.6%	0.6%	1.0%

La proyección realizada con el modelo demuestra por ejemplo que para los anos fiscales 1997 y 1998, la economía hubiese crecido en 4.3 y 3.7%, respectivamente. En el 1999 y el 2000, sin embargo el valor proyectado fue de 2.4% y 2.9%, sin embargo los valores observados fueron 4.2% y 3.1%, respectivamente. Es importante señalar, que en el 1999, la economía recibió el impacto positivo de $4,000 millones en fondos federales (FEMA) por concepto del huracán Georges que afecto a la Isla en el 1998. Para el 2001 y 2002, el modelo nuevamente proyecta tasas de crecimiento de 4.2% y 1.3%, que supera los valores observados de 1.3% y -.3% para ese mismo años. En el año 2001 ocurren los atentados terroristas de septiembre 11 provocando una recesión de corta duración en Puerto Rico en el año 2002. Igualmente durante los primeros seis meses del 2001 hubo una gran cantidad de cierres Corporaciones 936s que desestabilizaron grandemente este sector e impactaron la economía.

Gráfica 5.1

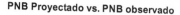

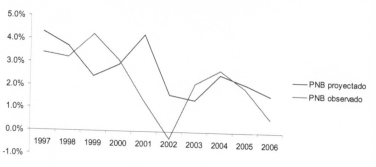

5.2. Reducción en la actividad promocional de la Compañía de Fomento Industrial

Una de las implicaciones que ha tenido la eliminación de la Sección 936 ha sido el debilitamiento en la actividad promocional que lleva a cabo la Compañía de Fomento Industrial (PRIDCO). La información provista por la Oficina de Planificación y Economía de PRIDCO evidencian una reducción en el número de nuevas empresas de manufactura promovidas por Fomento. Entre el 1983 y el 1995 el total de empresas promovidas por PRIDCO fue de 2,541 de las cuales, 1,001 empresas fuero de origen no local o Corporaciones 936s. Mientras que para el período de 1996 al 2008, el total de empresas de manufactura promovidas por Fomento ascendió a 2,174, de las cuáles solo 684 fueron de origen no local. Es decir, durante el primer período, el 60.4% de las empresas promovidas fueron de capital local y el 39.6%, fue de origen no local. Sin embargo una vez comienza el periodo de desfase de la Sección 936, en el 1996 hasta el 2008, las empresas 936 representaron solamente el 31.5% de la actividad promocional y las empresas locales representaron el 68.5%.

Gráfica 5.2

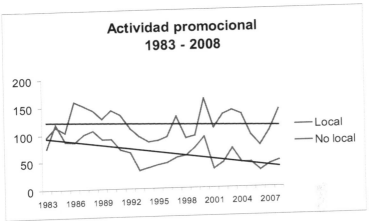

Fuente: Compañía de Fomento Industrial

Al evaluar el inicio de operaciones de empresas de manufactura para los mismos períodos bajo evaluación, se observa un patrón muy similar al de las promociones. Para el período de 1983 al 1995, el tota de empresas que iniciaron operaciones ascendió a 2,278, de las cuales el 39.5% correspondió a empresas de origen no local y 59.5%, de origen local. Mientras que para el período de 1996 al 2008, el total de inicio de operaciones de empresas de manufactura fue de 1,624, de las cuáles el 71.7% correspondió a empresas locales y el 29.3% correspondió a empresas de origen no local.

Gráfica 5.3

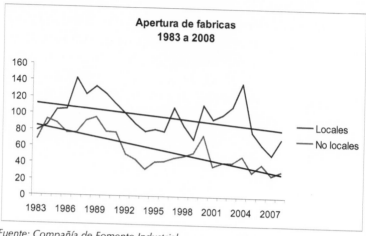

Fuente: Compañía de Fomento Industrial

A nivel agregado, la diferencia entre los dos períodos fue de 654 empresas menos que iniciaron operaciones. La información nos indica que durante el
período de 1996 al 2008, hubo una reducción de
525 en el número de aperturas de empresas de
origen no local.

5.3. EFECTO SOBRE LA INVERSIÓN INDUSTRIAL

La información relacionada a la inversión industrial la dividimos en dos períodos, 1996 al 2001, y
el segundo período comprendido entre el 2002 y
el 2008. La información compilada por PRIDCO
provee la inversión solo en precios nominales,
lo que impide hacer una comparación adecuada
para los períodos anteriormente utilizados. Así las
cosas, procedimos a comparar los períodos de
tiempo anteriormente señalados. La información
nos indica que para el período de 1996 al 2001, el

valor agregado de la inversión industrial ascendió a $2,006,192,009. De la inversión global realizada, el 88% correspondió a empresas de capital no local, mientras que el 12%, correspondió a empresas de capital puertorriqueño. Para el período de 2002 al 2008, la inversión industrial global ascendió a $3,788,214,475, lo que representa un aumento de 89% con respecto al período anterior. De esta inversión, el 86% correspondió a inversión de origen no local, y el 14% a inversión local.

Tabla 5.2
Desglose de la inversión industrial por origen

Periodo	Local	No local	Total
1996 - 2001	$245,127,077	$1,761,064,932	$2,006,192,009
2002 - 2008	$534,519,047	$3,253,695,428	$3,788,214,475

Fuente: Compañía de Fomento Industrial

El aumento dramático en la inversión de empresas no locales, se debió a la expansión y el desarrollo de nuevos proyectos en la industria farmacéutica. Pese a la perdida de los beneficios de contributivos de la Sección 936, las empresas que estaban operando en Puerto Rico se organizaron como CFCs (GAO 2006). Uno de los efectos que tuvo la eliminación de la Sección 936 fue un cambio en la composición industrial de la Isla. A partir de la eliminación del 1996, ha ocurrido una reducción en el número de plantas de manufactura intensivas en mano de obra, mientras que ha ocurrido una consolidación de las empresas intensivas en capital.

La conversión de muchas corporaciones 936 en CFCs permitió que en Puerto Rico continuaran muchas

operaciones de manufactura de relativa importancia. Al ocurrir esta conversión, no se pudieron
cumplir los objetivos que tenía el Congreso Federal
cuando derogó la Sección 936, que era aumentar
los ingresos fiscales y reducir el "mantengo corporativo" que permitía la Sección 936. En el propio
informe del GAO de 2006, oficiales del Servicio de
Rentas Internas, indican tener serias dudas en torno
a el efecto que se supone haya tenido la eliminación de la Sección 936. Los funcionarios federales
plantearon que hay suficiente evidencia para con-
cluir que muchas corporaciones que operaban bajo
la Sección 936 al organizarse como CFCs pudieron
diferir el pago de contribuciones federales y mantener sus operaciones en Puerto Rico.

Gráfica 5.4

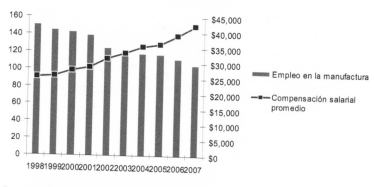

Empleo en la manufactura y compensación salarial promedio

Fuente: Informe Económico al Gobernador, 2008

Según el informe del GAO, en el 1997 las ganancias de las CFC's ascendieron de $2,400 millones
en el 1997 a $7,100 millones en el 2001. El dramá-
tico aumento en la inversión de capital registrado a

partir del 2002, evidencia que las corporaciones de alto valor agregado fueron las que en efecto decidieron mantener sus operaciones en la Isla. Lo que demuestras esto es que para las empresas intensivas en capital y de gran escala operacional como lo son las empresas farmacéuticas, el esquema de la CFC representó una oportunidad para mantener sus operaciones en Puerto Rico, difiriendo el pago de contribuciones al Departamento del Tesoro. Sin embargo para las empresas mas pequeñas, los costos de convertirse en CFC que implican un costo contributivo a corto plazo, decidieron cerrar sus operaciones o re-localizarlas en otros destinos con costos operacionales más bajos como México y la República Dominicana. El cambio en la estructura productiva industrial aunque implicó la permanencia del sector farmacéutico, este sector por su naturaleza intensiva en capital, no implicó un incremento en el número de empleos. A partir del año 1997 comienza una reducción dramática en el total de personas empleadas en la manufactura. De un total de 152,000 personas empleadas en el año 1997, el empleo industrial total descendió a 105,000 personas en el 2007. Mientras el desempleo se redujo, la compensación salarial promedio de cada empleado en la manufactura aumentó de $25,164 a $42,219, para un aumento de 67.8%. Lo que demuestra que en efecto hubo un cambio en la estructura industrial de Puerto Rico. La evidencia empírica demuestra una reducción en el número de personas empleadas pero un incremento en la compensación salarial promedio.

5.4. OTROS FACTORES QUE HAN AFECTADO EL COMPORTAMIENTO DE LA ECONOMÍA ENTRE EL 1997 Y EL 2006

5.4.1. FACTORES ESTRUCTURALES

Además del impacto adverso que ha tenido sobre la economía la pérdida de la Sección 936, la desaceleración de la economía de Puerto Rico para el período entre el 1997 y el 2006 esta ligada a factores estructurales y coyunturales. El debilitamiento del sector industrial provocado por la reducción gradual del programa de incentivos contributivos federales, es el primer factor de carácter estructural que ha afectado el crecimiento económico de Puerto Rico. La pérdida de sobre 50,000 empleos directos en el sector industrial y la reducción en las actividades productivas asociadas a este sector, han impactado la economía. Sin embargo otros factores asociados al debilitamiento del sector industrial han afectado la capacidad de crecimiento.

Por ejemplo, el alto nivel de endeudamiento público, comenzó a limitar el rol del gobierno como agente promotor de actividad económica. Para el año 2000, el nivel de endeudamiento gubernamental había alcanzado niveles relativamente altos, patrón que se acentúa aún más entre el año 2000 y el año 2007. La reducción en los ingresos fiscales como consecuencia de la desaceleración económica, provocaron el inicio del desfase entre gastos e ingresos recurrentes, provocando un déficit estructural que se hizo más evidente a partir del año 2004 cuando el déficit estructural alcanzó los $1,200 millones. El debilitamiento fiscal del gobierno ha afectado el gasto público que es un componente importante dentro de la demanda agregada en la economía. El deterioro del déficit fiscal y obligó al gobierno a imponer un nuevo impuesto al consumo de siete por ciento en el año 2006.

La imposición del impuesto de venta y uso (IVU) sin suficientes alivios contributivos tuvo el efecto de afectar aún más la demanda agregada debilitando los gastos de consumo personal, y por ende afectando la economía. La reducción en el consumo real, para una economía en la cual este componente representa el 88% de la demanda agregada, tuvo un efecto adverso en el agregado económico. Al combinarse la reducción en el consumo y en los gastos de consumo del gobierno, unido a la reducción en la inversión interna bruta de capital fijo, se genera un efecto adverso muy poderoso sobre la economía en su totalidad.

5.4.2. FACTORES COYUNTURALES

Además de los factores estructurales, la economía se ha visto afectada por una serie de factores coyunturales o cíclicos. El primero de estos factores es el aumento en el precio del barril de petróleo que a partir del año 2004 comenzó a aumentar hasta llegar a un nivel record de 148 dólares el barril (precios nominales) en verano de 2008. Para una economía pequeña y abierta, dependiente de la importación de petróleo, el aumento en el precio del petróleo afecta directamente el comportamiento de la economía, tanto por el lado de la oferta y como por el lado de la demanda. Además del aumento en el precio del petróleo, el debilitamiento del sector financiero ha sido otro factor cíclico que ha afectado el comportamiento de la economía.

Entre el 2004 y el 2008, la capitalización de los bancos locales se redujo de $21,000 millones a $3,000 millones, lo que ha afectado la capacidad prestataria de la banca comercial así como los individuos y las corporaciones. A raíz de la crisis financiera iniciada en el 2008, los bancos enfrentan ahora problemas de acceso a fondos baratos y simultáneamente enfrentan el deterioro de los activos, lo cuál agrava la situación de la industria bancaria a corto y mediano plazo.

El debilitamiento de la construcción como consecuencia directa de la recesión económica es el otro factor cíclico que explica en gran parte la actual crisis económica. La reducción en la inversión privada y pública destinada a financiar proyectos de vivienda y de infraestructura respectivamente han sido factores que han abonado al deterioro de la actual recesión económica. Un incentivo contributivo implementado en el año 2008, ayudó a que se vendieran 10,000 unidades de vivienda, sin embargo al finalizar dicho incentivo se evidencia nuevamente una reducción en los permisos de nuevos proyectos de construcción.

Capítulo 6

Conclusiones

Durante la segunda mitad del siglo XX, el modelo económico de Puerto Rico se fundamentó en la importación de capital mediante un programa de incentivos contributivos. La abundancia de mano de obra barata, el libre acceso al mercado norteamericano y la importación de capital industrial fueron esenciales para el éxito del modelo de industrialización por invitación. El proceso de industrialización de Puerto Rico, pasó por tres etapas; la etapa incipiente que transcurrió entre el 1948 y el 1952, una etapa intensiva entre el 1952 y el 1975, y eventual una etapa intensa en las industrias de alta tecnología entre el 1976 y el 1996. Los programas de créditos contributivos federales provistos al amparo de las Secciones 931 y 936, respectivamente, fueron fundamentales para acelerar el proceso de industrialización de la Isla.

El inicio de la Sección 936 en el año 1976, fue clave en la transformación de la estructura industrial de Puerto Rico. Entre el 1976 y el 1996, la manufactura local transitó hacia operaciones intensivas en capital, liderado por el establecimiento de empresas de manufactura de productos químicos, farmacéuticos, y electrónicos.

La manufactura se consolidó dentro de la estructura económica del País y llegó a representar el 42% del Producto Interno Bruto (PIB). Sin embargo pese a su importancia relativa, dicho sector no logró desarrollar los eslabonamientos internos con las demás industrias locales y otros sectores económicos. Dicha situación no fue favorable al proceso de desarrollo industrial y económico, ya que impidió que se desarrollara un andamiaje productivo que fuera capaz de generar más empleos y mayor generación de riqueza dentro de la economía.

De manera consistente con los estudios y análisis realizados por diversos organismos y economistas, la derogación de la Sección 936 en el año 1996 ha tenido un efecto adverso en la economía de Puerto Rico. Las advertencias sobre los efectos adversos de eliminar la Sección 936 han sido validadas con el tiempo. Entre el 1996 y el 2006, la manufactura ha perdido sobre 50,000 empleos directos, especialmente de los sectores industriales de textiles y de productos electrónicos. Pese a que la información empírica evaluada y el modelo econométrico sustentan la hipótesis presentada en este trabajo, hay que reconocer que otros factores han afectado el crecimiento económico. A partir del año 2000, la economía local comenzó una fase de debilitamiento estructural que ha afectado su capacidad de crecimiento. La inversión, los gastos de consumo personal y el empleo comenzaron a crecer a un ritmo menor, pese a que muchas Corporaciones 936s se convirtieron en CFCs y retuvieron sus operaciones en el País, difiriendo el pago de contribuciones. Esta realidad, han levantado dudas en los oficiales del Departamento del Tesoro en torno a la efectividad de eliminar la Sección 936. Hay suficiente evidencia para pensar que las empresas convertidas en CFCs pudieron diferir el pago de contribuciones al Tesoro Federal, lo cual derrotaría el argumento que motivó la eliminación de la Sección 936 (GAO 2006).

El modelo econométrico desarrollado en el capítulo 4, permitió realizar una proyección del crecimiento económico local, asumiendo que la Isla hubiese retenido la misma estructura productiva que tuvo entre el 1960 y el 1996, para el período de 1997 al 2006. Los resultados del modelo indican que para la economía hubiese mantenido un proceso de crecimiento menos del débil del observado. Aunque el modelo posee buena capacidad de proyección reconocemos que mientras más lejos en el tiempo se proyecta a partir del período base, mayor probabilidad de error puede tener la proyección. Pese a los resultados del modelo econométrico, que demuestran tasas superiores a los valores observados, hay que reconocer que entre el 1997 y el 2006, además del fin de la Sección 936, una combinación de factores estructurales y cíclicos se han combinado para afectar igualmente el comportamiento de la economía. Los tratados comerciales suscritos por Estados Unidos, el aumento en el salario mínimo, el aumento en el precio del petróleo, el ciclo de la economía norteamericana, y el endeudamiento fiscal del gobierno, entre otros, también han afectado la capacidad de crecimiento de la economía para el período de 1997 al 2006.

Aún después que finalice la actual recesión, el tema del crecimiento económico de Puerto Rico seguirá siendo un tema medular que deberá ser atendido mediante reformas estructurales a la economía. La pérdida de la Sección 936, unido a los profundos cambios en el orden económico internacional, obliga a re-pensar el modelo de desarrollo de Puerto Rico. En el corto plazo, el diseño de una nueva estrategia económica de carácter multi-sectorial y que propenda la sustentabilidad productiva del País, debe ser la principal prioridad del gobierno, del sector privado y de la propia academia.

Made in the USA
Middletown, DE
30 July 2021

45051220R00045